FIEFS

ET

ARRIÈRE-FIEFS

DU

COMTÉ DE PONTHIEU

SITUÉS

DANS L'ARRONDISSEMENT DE MONTREUIL-SUR-MER

PAR G. DE LHOMEL

ABBEVILLE

IMPRIMERIE DU « CABINET HISTORIQUE DE L'ARTOIS ET DE LA PICARDIE »

1887

LE CABINET HISTORIQUE

DE L'ARTOIS ET DE LA PICARDIE

REVUE MENSUELLE D'HISTOIRE & D'ARCHÉOLOGIE

ALCIUS LEDIEU, Directeur Gérant

16, rue Millevoye, à Abbeville

ABONNEMENT : 10 FRANCS PAR AN

FIEFS

ET

ARRIÈRE-FIEFS

DU

COMTÉ DE PONTHIEU

SITUÉS

DANS L'ARRONDISSEMENT DE MONTREUIL-SUR-MER

PAR G. DE LHOMEL

ABBEVILLE

IMPRIMERIE DU « CABINET HISTORIQUE DE L'ARTOIS ET DE LA PICARDIE »

1887

FIEFS ET ARRIÈRE-FIEFS

DU

COMTÉ DE PONTHIEU

SITUÉS DANS L'ARRONDISSEMENT DE MONTREUIL-SUR-MER

EXTRAIT des Fiefs de Ponthieu, de D. Grenier, 1703[1]

CALOTTERIE-LÈS-MONTREUIL

FIEF noble nommé la Magdelaine, situé à Calotterie, tenu du Roi, appartient aux demoiselles Wllart, au lieu des Bouret.

ÉCUIRES

Deux fiefs à Escuir (Écuires), tenus de Fauquembergue, appartenant à . . . . ., au lieu de Jean de Bours.

LES DEUX AIRON

Les deux Airon sont du bailliage de Waben. La seigneurie d'Airon-Saint-Vast, tenue du Roi, consiste en 31 maisons, 118 journaux de terre, 17 journaux de prés, 8 journaux de

1. Ce manuscrit se trouve à la Bibliothèque nationale, à Paris.

bois, 4 journaux de pâture, en censives 30 livres, 2 oisons, 3 chapons, 1 poule et 2 boisseaux de seigle. La seigneurie d'Airon-Notre-Dame, tenue du Roi, consiste en une maison, 14 journaux de terres labourables, 10 journaux de prés, 17 journaux de pâturage, 50 livres de censives, 8 boisseaux de seigle par semaine, dus par un moulin à eau, appartient à M. de la Villeneuve, mari d'Élisabeth de la Haye, veuve en premières noces de Jean Dubosquet, écuyer, sieur de Gadinetz.

La vicomté d'Airon, tenue du Roi, appartient à M. de la Villeneuve, comme devant.

Le fief de la Folie à Airon-Saint-Vast, tenu du Roi, consistant en 21 livres de censives, appartient à Charles de Maçon, écuyer, sieur de Montval.

Deux fiefs dont un se nomme Gloriant, tenus de l'abbaye de Saint-Josse, provenant du sieur Nicolas Versin, et situés à Airon.

Un fief séant à Airon-Saint-Vast, tenu de l'abbaye de Saint-Saulve, provenant de Laurens le Noir.

Deux fiefs à Airon, tenus d'Espic, provenant l'un de Jean Gambier et l'autre de Catherine Gaffé.

Un fief à Airon, provenant de Gilles de Lhommel.

Deux fiefs provenant de Jean Viezier.

Un fief à Airon-Saint-Vast, provenant de Claude Vaconsains.

Un fief, tenu de Buire et Maintenay, provenant de Louis de Monchy.

Deux fiefs, tenus du fief précédent, provenant de Jean de Bours.

Un fief à Airon-Saint-Vast, tenu du sieur de la Pipenerie, provenant de Jean Pelet.

Fief à Airon-Notre-Dame, provenant de Laurens le Noir, tenu d'Adrien de Sarton.

Les héritiers de Jean Vualon d'Abbeville, y ont fief de 5 livres de censive.

Fief à M. de Sorrus, à Airon-Saint-Vast.

Deux fiefs aux héritiers de messire Jean de la Haye, demeurant à Abbeville, séant à Airon-Saint-Vast, de 10 livres, l'un tenu du Roy, l'autre d'Airon.

Jean de Fay, écuyer, sieur de Louvigny, demeurant à Airon-Saint-Vast, y possède un manoir et 10 journaux de terre.

Jean Dubosquet, écuyer, sieur de Warde, demeurant audit Airon, y possède une maison et 48 journaux de terre labourable.

Airon-Notre-Dame, Saint-Aubin et Espic, contiennent 65 maisons et 2,241 journaux.

CUCQ ET TRÉPIED

Cucque (Cucq) et Trépiez (Trépied) dépendent du bailliage de Waben. 58 maisons, 700 journaux de terre. La seigneurie de Cucque et Trépiez consiste en une garenne de 200 livres de censives. Chaque ménage doit au seigneur une mine d'avoine chacun an. Total de la recette affermée : 5,500 livres.

MONTREUIL

La vicomté de Ponthieu en Monstreuil, tenue du Roi, consistant en 25 livres de censive dans Monstreuil et tous autres droits vicomtiers dans ladite ville dans l'étendue d'icelle vicomté, appartient à Jean le Noir, sieur d'Ygnopré (de Dignopré), fils de Dominique, qui fut fils de Jean le Noir, qui fut aux droits des Belin et Carpentier, aliénés à faculté de rachapt.

Fief Fauquembergue, séant à Monstreuil et dans la banlieue de la ville, tenue du Roi, comte de Ponthieu, consistant en 10 livres de censives de la seigneurie de Tancarville avec onze fiefs et mouvances, appartient à Claude d'Urre, fils de Claude, écuyer, et de demoiselle Marguerite d'Ostove, petite-fille de Guillaume d'Ostove, écuyer, sieur de Clenleu, au lieu de Hourdel, qui fut aux lieu et place de Jean de Fauquembergue.

Fief à Monstreuil, tenu du chapitre de Saint-Firmin, dudit lieu, provenant de Gilles de Lhommel.

Fief de la Magdelaine, situé à Monstreuil et à l'environ, consiste en 50 livres ou environ de censives à prendre sur plusieurs maisons, dans Monstreuil, haute et basse ville et à la Magdelaine, appartient à Jacques Wllart, écuyer, sieur d'Œuf.

Il y a encore une branche de la vicomté de Tancarville, qui y a nombre de censives et mouvances, tenue du Roi, comte de Ponthieu; la vicomté de M. Maillot Desmailleville est encore audit Monstreuil et aux environs. Je ne sais si elle est tenue du bailliage. Me Simon de Leaue, possède deux fiefs dans Monstreuil, tenus du comte de Ponthieu, ci-devant tenus du fief de Fauquembergue, la tenue en ayant été cédée en 1613.

ABBAYE DE SAINT-SAULVE DE MONTREUIL

Fief tenu de ladite abbaye, provient de François Hourdel.

Fiel de Hautefeuille, tenu de ladite abbaye, provient dudit Hourdel.

Fief à Longpré, tenu de ladite abbaye, provient de Pierre Obert.

Fief à Airon-Saint-Vast, tenu de ladite abbaye, provient de Laurens le Noir.

GROFFLIERS

Groffliers dépend du bailliage de Waben. 156 maisons, 320 journaux.

Fief de Groffliers, tenu du Roi, provenant de M. le Connétable.

Fief de Merlimont, séant à Groffliers, tenu du Roi, appartient à M. de Forceville, sieur de Merlimont, au lieu de Marguerite de Sacespé. La garenne de Groffliers appartient à Mme Migneux, affermée 450 livres.

MERLIMONT

Fief de Merlimont à Groffliers, tenu du Roi, appartient à M. de Forceville, écuyer, sieur de Merlimont, au lieu de Marguerite de Sacespé, qui fut au lieu par succession de Jacques de Trasignies, héritier de dame Isabeau Tiercelin ou Verchin.

Jean, chevalier, sire de Brimeu et Isabeau, sa femme, en 1275, reconnaissent que leurs hommes de Mellemont et de Verton, doivent être payés par les mayeur et échevins de Waben et, de plus, qu'ils sont entrés en l'hommage du comte de Ponthieu pour la justice haute et basse sur leurs hommes, desdits lieux de Mellemont et de Verton.

LES GRANGES-PRÈS-MONTREUIL

La seigneurie des Granges, située près et dans la banlieue de Monstreuil, consistant en 150 journaux de terres labourables, sur 4 desquels était bâtie la maison, et environ 40 à 50 livres de censives, appartient à Me Florent de Thubeauville, écuyer, fils d'Antoine, écuyer, sieur de la Rivière, comme héritier de Charles de Bresdoul, fils et héritier de Marie de Hodic, fille de Charles de Hodic.

MONTHUIS ET VIS-ÈS-MARAIS

La seigneurie de Montesuis (Monthuis), dépend du bailliage de Waben. Elle est tenue de Maintenay, et provient de Renaud des Essarts. 59 maisons et 1,487 journaux.

Fief à Monthuis, tenu de la seigneurie dudit lieu, provient de M. d'Ostove.

Deux fiefs séant près de Villers (Villiers), tenus de Monthuis, provenant de Charles Gorguette.

Vis-Marais dépend du bailliage de Waben. 21 maisons et 645 journaux. La seigneurie de Vis-Marais, appartient à l'abbaye de Saint-Josse-sur-Mer, consiste en 130 journaux de terres labourables et en censives de la valeur de.....

Jacques Moulart, écuyer, sieur de Vilmaret, demeurant à Monstreuil, y possède une maison, 2 journaux de terres, 8 journaux de prés et 12 journaux de bois.

COLLINE ET BEAUMONT

Colines et Beaumont dépendent du bailliage de Waben. 30 maisons et 1,064 journaux. Les seigneuries de Colines et de Beaumont, tenues de Bellebronne, consistant en 289 journaux de terres à labour, 92 journaux de pâture, 36 journaux de prés, 100 livres de censives, total 1,400 livres par an, appartiennent à N. Cornu, écuyer, sieur de Belloy et Colines, au lieu de Méry de Boulainvilliers.

Le fief des Juifs séant à Colines, tenu du Roi, appartient à....., au lieu de Jean de Bours.

Fief séant à Colines, tenu de la seigneurie de Colines et Beaumont à Gilles de Lommel.

Fief à Colines, tenu de la seigneurie du Temple, consistant en 10 journaux à 3 livres le journal par an, appartenant à ... Bresdoul, écuyer, sieur d'Authie.

Fief à Colines, tenu du sieur de la Motte, provenant de Jean de Bours.

CONCHIL ET LE TEMPLE

Conchy et le Temple, qui est ci-après, ont ensemble 41 maisons, 2,424 journaux, et sont du bailliage de Waben. La seigneurie de Conchy sous le nom de Bertencourt et Conchy, consiste en une maison, moulin à vent, 273 journaux de terres à labour, 80 journaux de pâture, 10 journaux de riez, 100 journaux de molière verte, 120 journaux de bois et 100 livres de censives, total : 1,400 livres.

Fief Hourdel à Conchy, tenu du Roi, compris ci-devant avec la seigneurie de Conchy, appartient à Bresdoul, écuyer, sieur d'Authie, au lieu de Méry de Boulainvilliers pour la seigneurie de François Hourdel, pour le fief tenu du Roi.

Deux fiefs à Conchy tenus de la seigneurie de Regnière-Écluse, provenant de Claude de Vaconssains.

Fief du Pas-d'Authie, tenu du Roi, appartenant aux Bresdoul.

Fief à Conchy, tenu de Bellebronne, provenant d'Antoine de Créquy.

NOYELLE-SUR-AUTHIE ET TIGNY

38 maisons et 1,279 journaux. La seigneurie en partie de Noyelle-sur-Authie, tenue de Bellebronne, consiste en 25 livres de censive par an et 8 à 10 livres de censives, appartient à M. de Monchy-Hocquincourt.

La seigneurie de Noyelle en partie tenue de ....., consiste en 30 livres de censives, appartenant à N... du Hamel, écuyer, sieur de Buires.

La seigneurie en partie pour les enclaves d'Artois, dépendant de Vron, consiste en 12 livres de censives par an, tenue de Saint-Pol, appartient à M. Fontaines, écuyer, sieur Duiry, à cause de Véron.

CAMPIGNEULLES

Campigneulles est tenu de Machy.

Fief à Campigneulles, tenu du sieur de Clenleu, provenant de Jean de Camoisson, à Campigneulles-les-Petites près Montreuil.

Deux fiefs tenus de Fauquembergue à Campigneulles-les-

Petites, appartiennent à Jean Bigant, sieur de Camoisson.

Trois fiefs audit Campigneulles, les deux premiers tenus de la seigneurie de Machy et le troisième du bois Pelet, consistant en 50 journaux de terres labourables, tenues à cens par 50 livres par an de censives, provenant de Jean Offroy, appartiennent à Raulquin Garbe.

LABROYE, LE BOISLE ET VERJOLAY

Labroie et Branlecourt, 66 maisons et 2,108 journaux.

La seigneurie de Boille (Boisle), tenue du Roi, consiste en 36 septiers de froment, 144 chapons, 14 livres 8 sols de censives à prendre sur 72 maisons, chargées chacune de 8 boisseaux de bled froment, 2 chapons et 4 sols par chacun an de censives, 135 journaux de terres labourables, 50 journaux de prés, 27 journaux de bois, 1 moulin à huile en la place d'un autre à bled; champart, 9 journaux de prairie en aulnois. Le costé de France vaut bien 2,028 livres par an de revenu, appartient à M. le prince de Bournonville, qui l'a acheté de M. le duc de Chaulnes, qui fust au lieu des d'Ailly, qui furent aux droits par succession des de la Garde, chevaliers, qui furent aux droits des d'Ailly-Picquigny.

Fief à Labroie, tenu du Roy, appartient à Jean Lamiré, écuyer, sieur de Caumont, fils de Philippe, qui fut fils de Charles Lamiré, procureur du Roi à Abbeville, qui fut fils de Jean Lamiré, élu en Ponthieu, qui l'a acheté de d'Imbleval, écuyer.

Branlecourt, ferme à M. de la Cardonnette le Febvre, consistant en une maison de 12 journaux, 213 journaux de terres labourables, 9 journaux de terre au terroir d'Estrée, 6 à Dompierre, le tout nommé Branlecourt, affermé 800 livres, tenu en fief de la seigneurie de Maison, appartenant aux le Roy Saint-Lau (de Saint-Lau).

M. le Febvre la Cardonnette tenait en roture cy-devant

ladite ferme de M. de Rambure-Poirauville, par une grosse censive. Il a racheté ce fief de M. Poirauville, qui était tenu de Maison.

FIEFS TENUS DE LA SEIGNEURIE DE LA BROIE

La seigneurie de Long, Longpré et Castelet, un seul fief tenu de la Broie, appartient à Honoré de Buissy, lieutenant particulier à Abbeville, par acquisition de Montigny.

La seigneurie de Ville-les-Saint-Juin, tenue de la Broie, appartient à . . . Léperon de Belloy, président à l'élection d'Abbeville par acquisition.

Un fief à Fléchicourt, provenant de Nicolas le Grand.

Un fief à Fléchicourt, provenant d'Abraham Mallet.

Fief à le Heure, faisant partie de la seigneurie dudit le Heure, provenant de Louis de Monchy, appartient à M. le Fournier de Vargemont.

Fief à Gapenne, provenant de la Chapelle-aux-Ursins, appartient à M. Gaillard-Senonville.

Fief à Fontaine-sur-Maye, provenant de Claire Vuaignart.

Fief à Verjollay, provenant de Paul Picart.

Fief à Acquest, provenant d'Antoine Martin.

Fief à la Broie, provenant d'Antoine Gallet.

Fief à la Broie, provenant de Pierre de la Grüe.

Deux fiefs à la Broie, provenant de Jean Poissan.

Fief à la Broie, provenant de François le Febvre.

Fief à la Broie, provenant de Valerand de Fontaine.

Fief à la Broie, provenant de Louis Chonglet.

Fief de la Haie, à la Broie, provenant de Jean Lauvergne.

Fief à la Haie, provenant de François le Febvre.

Fief à la Haie, provenant de Nicolas Bridou.

Fief à la Broie, provenant de Nicolas Boutine.

Fief à la Broie, provenant de Jacque Lescuier.

Deux fiefs à la Broie, provenant de Pasquier du Val et de demoiselle du Val d'Abbeville.

Fief à la Broie, provenant de Claude Bruslet.

Partie du fief provenant de Nicolas Picart.

Fief à la Broie, provenant de Jean Douchet.

Neuf fiefs à la Broie, consistant en 50 livres de cens ou surcens, appartiennent à Vuairé, sieur de Séneschal, par acquisition des Vuamin-Fléchin, qui furent aux droits de demoiselle Caterine d'Aoust.

Fiefs de 12 septiers de bled froment et 12 septiers d'avoine, mesure d'Hesdin, à prendre sur le prieuré de Biencourt, et 8 livres d'argent, tenus de la seigneurie de la Broie-Ponthieu, par le Roy, écuyer, sieur de Valines.

SAINT-JOSSE, VILLIERS, LA CAPELLE, LE TERTRE ET LONGPRÉ

Saint-Josse, Villers (Villiers), la Chapelle (Capelle), le Tertre et Longpré, appartiennent au bailliage de Waben. 100 maisons et 3,413 journaux.

La seigneurie desdits villages appartient à l'abbaye de Saint-Josse-sur-Mer, et consiste en un moulin à vent, valant 400 livres, 108 journaux de terre loués 400 livres, 120 journaux d'autres terres, au lieu nommé le camp Darmeneville, loués 400 livres; la recette au total affermée 3,300 livres par Jean Bermont. Les religieux jouissent de 6 journaux de prés et 120 livres de censives.

M. de Vilmarest, de Monstreuil, y a fief consistant en une maison de 8 journaux, 59 journaux de terres labourables et 14 journaux de prés.

Le sieur le Roy, de Monstreuil, y a fief.

Le chapitre de Saint-Firmin, de ladite ville, y a deux fiefs.

Le sieur de Humières, demeurant à Dangermez, y a fief.

Marie le Tellier, demeurant à Boulogne, y a fief.

Le sieur Ricouart, écuyer, sieur de la Grave, demeurant

à Monstreuil, possède fief à Saint-Josse, consistant en 9 journaux de bois et 14 journaux de terres labourables.

Fief à Mme ..... Belledame (de Belledame), de Monstreuil, de 300 livres de revenu.

Fief au sieur Marc Gressier, demeurant à Saint-Josse, de 5 livres de censives.

Fief à François de Lattre, de Merlimont, consiste en 40 sols de menues censives.

Fief à Charles Sanier, de Saint-Josse, consiste en 26 sols de censives.

Fief à Charles Valois, de Saint-Aubin, de 4 livres de censives.

Fief au sieur Hurtrel, de Monstreuil, consiste en 27 sols et 1 oison de cens.

Un autre fief audit Hurtrel, de 25 sols de cens, sur 2 journaux de terre et un ..... de 100 livres de revenu.

Fief au sieur de Lattre du Rozel, demeurant à Monstreuil, de 8 à 9 livres de censives, nommé fief Becquétoille.

EPY

Fief à Espic (Epy) tenu de Bellebronne, provient de Louis de Monchy.

Fief provenant de Nicole Ursin.

Fief à Airon, provenant de Catherine Gaffé.

Fief à Airon, provenant de Jean Gambier.

MAINTENAY

25 à 30 maisons. Tenu du bailliage de ..... 800 à 900 mesures de terres et prés. La seigneurie de Maintenay, vicomté de Tancarville à Vuailly (Wailly), consiste en ....., appartient à Mme la duchesse de Nemours. Il y en a une grande partie en bailliage, tenue du roi en châtellenie. Il y

a un prieuré audit Maintenay, dont 5 à 6 maisons et quelques terres relèvent dudit lieu.

Fief en la chaussée des Calotterie (de la Calotterie), tenu de Maintenay, provient de Claude de Tibauville (Thubauville).

Fief du bois de la Cervelle, à Vuaben (Waben), tenu de Maintenay, provient d'Oudart Blondel, appartient à M. de Saisseval.

Fief de la Grande Coperelle-lès-Buires (Couporel), tenu de Maintenay, provient de Claude de Vendosme.

Fief Raucourt, à Verton, tenu de Maintenay, provient de Claude de Vaconsains.

La terre et la seigneurie de Montesuis (Monthuis), tenue de Maintenay, provient de Renaud des Essarts.

Le fief de Dourier, y séant, faisant partie de la seigneurie de Dourier, tenu de Maintenay, consiste dans l'hommage du fief de la Forteresse en Dominois, qui en est tenu, et de Bois-Jean, appartient à Mme de Sailly, au lieu du duc de Créqui.

M. d'Urre, a encore 16 livres de censive dans Maintenay, tenu de la seigneurie dudit lieu, plus quatre fiefs qui sont tenus d'icelle seigneurie, savoir la Motte, la Prévôté et Godart.

Il n'y a que la quatrième partie des terres labourables desdits terroirs qui relèvent ou environ de la seigneurie; le restant est tenu de Bertronval. Les terres de Buires et Maintenay valent 3,200 livres de rente, dont il y a bois, terres, censives, et pour 3,000 livres à Maintenay et environ 300 livres à Buires seulement.

Deux fiefs à Bertronval, le premier tenu du roi, comte de Ponthieu, et le second tenu de Merlimont et est enclave d'Artois; le tout séant à Maintenay et appartient à Claude d'Urre, écuyer.

Fief Tancarville avec Maintenay et Buire, 400 livres de censives et 80 septiers d'avoine d'une part, et 200 livres de censives du fief de Tancarville d'autre, un moulin à eau et l'autre à vent, à usage de moudre le bled (blé), 900 livres et le même chargé de 30 septiers de bled à valoir.

Château en désordre à Maintenay, avec 5 à 6 mesures d'enclos et 35 à 36 mesures de terres labourables à la solle, valeur environ 350 livres; 10 à 14 mesures de prés médiocres dont 4 sont au meunier dans son bail, les autres valent 50 livres, 2 champarts de 130 livres en deux, 700 mesures de bois sans futaie à 200 livres la mesure, à l'âge de 12 ans, 1,200 livres. Total : 3,550 livres.

BUIRES ET BERTROUVAL .

Bailliage de Waben. 108 maisons et 2,417 journaux, dont 1,500 à Buire seul et environ 900 à Maintenay.

La seigneurie de Buire, tenue du Roi en deux fiefs nobles, l'un nommé Lamiré et l'autre Échevinage, consiste en champart et censive de valeur de 500 livres environ, appartient à M. le duc de Longueville, à présent à M. le prince de Conty.

Deux fiefs nobles à Buire, tenus du Roi, dits fiefs Clabaut et Postel, consistant en une maison de 4 journaux, 12 journaux de terres labourables et 63 journaux encore de terres labourables en roture, appartiennent à François Gédoin, héritier de Jean Foinel, qui lui avait acheté d'Adrienne Clabaut, en 1586, qui fut au lieu des Postel.

Fief Monville, bailliage de Vuaben, séant à Buire, tenu du Roi, appartient à . . . . ., au lieu de Claude Postel.

Fief Bertronval, à Maintenay, tenu du Roi, nommé Bertronval-la-Salle, consistant en 40 livres de censives, 33 livres de cens à prendre sur 164 mesures de terre qui furent aux droits de . . . . . Delaporte, au lieu de Simon de Vargnies, 1378.

Fief à Conchy, tenu de Buire, provenant de Claude d'Ailly.

Fief Darguel, tenu de Buire, provenant dudit Claude d'Ailly.

Deux fiefs à Buire, tenus du Roi, provenant de Jean le Viel.

Fief à Airon, tenu de Buire et Maintenay, provenant de Louis de Monchy.

Le couvent de Longvillers y possède 100 couples de grains, 150 livres et 24 livres de censives. Le couvent de Saint-André-aux-Bois y possède 18 livres et 50 couples de grains sur 800 mesures de terre.

Le prieur de Maintenay y possède 8 liv. 45 de censives. M. Wllart d'Estrée, 12 livres de censives. M. de Lengaigne, de Monstreuil, y a 12 livres de censives et y a nombre en mouvance à cause de son fief Bertronval.

WABEN ET GROFFLIERS

121 maisons et 3,200 journaux.

La seigneurie de Vuaben, tenue du Roi, provient de M. le duc de Longueville, et appartient au sieur d'Alintun.

Fief de Hères, séant à Hères, tenu du Roi, consiste ....., appartient à N. de Calonne, écuyer.

Fief du bois de la Cervelle, séant au Temple, tenu du Roi, appartient à N. Roussé, de Vuaben, et provient de Claude de Vendôme.

L'hôtel-Dieu de Monstreuil et l'hôpital Notre-Dame dudit lieu possèdent par indivis un fief à Vuaben, tenu de Fauquembergue.

Le fief la Guise à Vuaben au-delà des Fourtres vers Collent, de 40 journaux, tenu du Roi.

Fief Beaurepaire, tenu de Merlimont, appartient au sieur de Saisseval, est en franchise.

Trois fiefs Bellebronne, du Baret et un troisième sans nom, séants à Vuaben, tenus du Roi, consistant en 150 livres de censives et 50 journaux de bois, appartiennent à N. Roussé, écuyer, sieur de Vuaben, au lieu du sieur Blondel, pour le fief Bellebronne et pour Baret, au lieu du sieur d'Ailly-Mongeroux, qui l'avait acheté de François Salé, qui l'avait eu par achat de Hugues le Vasseur, écuyer, sieur d'Hiermont, qui l'avait eu par succession des le Brun.

Fief du bois de la Cervelle, tenu de Maintenay, provient des Blondel, et appartient au sieur de Saisseval.

Fief à Vuaben et Groffliers, tenu de Saint-Aubin, provient de Jean Picart.

Fief des Granges, tenu de Bellebronne, provient de Gilles Bournel.

Fiefs à Vuaben, tenus de Bellebronne, provenant de Jacqueline Flamen et de Jean Pelet.

Greffe de Vuaben aliéné à faculté de rachat, tenu du Roi, appartient aux héritiers de Nicolas de Beauvais.

Fief noble à Vuaben, tenu du Roi, provient des héritiers de François Bresdoul.

Lesdits ..... de Vuaben et de Saint-Josse, tenus en fief du Roi, appartiennent à l'hôpital de Monstreuil et à Philippe Hurtault (Hertault).

Fief à Vuaben, tenu du fief du sieur de Montgeron, provient de noble homme Pierre Gaillard, sieur de Gribaumaisnil, conseiller à Abbeville.

BELLEBRONNE DANS WABEN

La seigneurie du fief de Bellebronne, tenue en fief noble du Roi, appartient aux ..... Roussé, qui l'ont eue par alliance des d'Ailly-Mongeroux, qui l'ont achetée en 1610 de Jacques Destampe (d'Estampes), mari de Louise Blondel dite de Joigny.

FIEFS TENUS DU FIEF BELLEBRONNE

Fief au bois de la Cervelle, provenant de Jean de Bours.

Fief à Espic (Épy), provenant de Louis de Monchy.

Fief provenant de Jean Gambier.

Fief d'Hiercourt, provenant dudit Gambier.

Fief de Gart, séant à Tigny, provenant de Jacques Dutertre.

Fief à Vuaben, provenant de Jacqueline Flament.

Fief à Vuaben, provenant de Jean Pelet.

Fief au bois de la Diane, provenant de Charles de Hodic.

Trois fiefs à cause de Vuaben, provenant dudit de Hodic.

Fief du Bus à Escuir (Écuires), provenant de Nicole Ursin.

Fief des Granges, tenu par Gilles Bournel.

WAILLY

Vuailly dépend du bailliage de Waben. 91 maisons et 2,545 journaux.

La seigneurie de Vuailly, tenue en fief noble du Roi, provient de M. le Connestable (Connétable), qui a aussi audit Vuailly la vicomté de Tancarville, tenue avec Maintenay par M. de Longueville.

Cinq fiefs, dont deux tenus du Roi, un de Saint-Josse, un de Beaucamps, et le dernier, de la vicomté de Tancarville, composant la seigneurie en partie dudit Vuailly, qui consiste en une maison, 613 journaux de pâture, 258 journaux de terres labourables, 258 journaux de bois, champart et censives 200 livres, appartient à ..... Dubus, écuyer, au lieu des Brimeu.

Fief à St-Aubin, tenu de Vuailly, provient de François Hourdel.

Fief à Vuailly, tenu de la seigneurie dudit Vuailly, provient de Jean Rouger.

Fief du Bois-Brûlé, tenu de la seigneurie de Vuailly, provient de Magdelaine d'Ostove.

Fief à Vuailly, tenu de la seigneurie dudit lieu, provient de François Desimbleville.

Deux fiefs tenus de la seigneurie de Vuailly, proviennent de Nicolas Boivin.

Fief à Vuailly, provenant dudit Boivin.

Fief à Vuailly, provenant de Jean Gambier.

Fief Turbessen, séant à ....., tenu de la seigneurie de Vuailly.

Fief du bois Villereux, tenu de la seigneurie de Vuailly, provient de Claude de Vendôme.

Fief tenu de la seigneurie de Vuailly, provient de Jean Courtret.

Fief à Vuailly, tenu du fief Hourdel, provient dudit Courtret.

Fief de la Salle à Vuailly, tenu de la seigneurie dudit Vuailly, provient de Jeanne Hennelen. Maximilien du Bosquel, demeurant à Vuailly, y a une maison, 26 journaux de pâtures, 153 journaux de terres labourables, 22 livres de censives par an. Le sieur de la Villeneuve y possède 30 journaux de bois, 30 livres de censives par an. Le sieur de Lengaigne, de Monstreuil, y possède 10 livres de censives par an.

Fief Beutin à Vuailly, tenu de la seigneurie dudit Vuailly, provient de Me Antoine de Farsy.

DOURRIER-LA-CHAUSSÉE

La seigneurie de Douries Pontieu (Dourrier en Ponthieu), tenue en fief noble du Roi, consistant en 36 journaux de bois, dit le bois de la Haie, en mouvance, deux manoirs au petit Vironchel, 14 mesures de terre au camp de la Haie, 2 autres mesures au chemin de Dominois et à Hostruval (Estruval), appartient à ....., au lieu de M. le duc de la Trémoille, qui fut au lieu des Créquy.

Le château de Douries avec la place devant icelui et tous les manoirs dudit lieu, qui sont dans l'ancienne enceinte, qui était cy-devant enclose de murailles, est tenu de la Broye en fief. Il y avait un beau fief tenu de Hesdin, plus la chaussée et travers tenus de Ponches, plus un fief tenu de la seigneurie de Maintenay et le fief Douries en deçà; l'autre était du comté de Pontieu, bailliage de Cressy.

Fief de M. de Vavrin, séant à Douries, tenu du comté de Pontieu ou le fief Jean Blondel, appartient à M. de Créqui Canaples et Frohen.

DOURRIER ET SAULCHOY

Maison et terres labourables, 700 livres.

16 mesures de prés	250 livres.
Marché d'Hestruval	200 —
Moulin à eau	800 —
Bois : 30 mesures à coupe . . .	2,000 —
Censives : 36 septiers de bled (blé).	600 —
Mesures de Hesdin : 80 septiers d'avoine, 150 livres d'argent.	
TOTAL. . .	3,850 livres.

Il y a quelques terres labourables dans le terroir d'Hestreval, de valeur de 200 livres, 15 mesures à la solle, vendues à Jean de Villiers.

Il y a 400 mesures de bois au delà de l'Autie (Authie), plus le bois de la Haie en deçà, environ 36 mesures de terres labourables à la solle, à la ferme au delà de l'Autie, plus en deçà.

NEMPONT-SAINT-FIRMIN ET NEMPONT-SAINT-MARTIN [1]

Bailliage de Waben. 106 maisons, 2,307 journaux. La ferme du château 920 livres, y compris les retenues.

La ferme du Ménage	340 livres.
2 moulins	400 —
Censives et remery	500 —
50 journaux de prés.	400 —
Bois.	40 —

1. Nempont-Saint-Martin fait partie du département de la Somme. Nous n'avons pas cru pourtant devoir le séparer de Nempont-Saint-Firmin (Pas-de-Calais) pour reproduire exactement le manuscrit de dom Grenier.

M. Béquin y a 50 mesures de terre près le moulin, qui sont bonnes. 120 mesures de la ferme du Ménage médiocres. Le reste petites terres à 35 livres la mesure à vendre.

Il y a Nempont vers Monstreuil le fief de la Boutillerie, appartenant au Roi, produisant 15 livres de censives par an ou environ, sur bien 100 mesures de terres et quelques maisons audit Nempont, avec 3 septiers de seigle, sur les moulins de Tigny.

La seigneurie de Nempont-Saint-Martin, tenue en sept fiefs nobles, dont trois sont tenus du comté de Ponthieu, un de l'abbaye de Saint-Saulve de Monstreuil, un de la seigneurie de Maintenay, un du seigneur de Saint-Aubin, et un dernier fief de Campigneulles, consiste en une maison ou château, une ferme, moulin à vent, 280 journaux de terres labourables, 66 journaux de prés, 100 journaux de pâture, 20 journaux de bois, 362 livres de censives, appartient à M. de Monchy-Hocquincourt, qui est aux droits par achat fait en 1617, de Sidral de Boulainvilliers, héritier des Miannay-Berneval, seigneurs de la Motte en Marquenterre.

La seigneurie de Nempont-Saint-Firmin en Ponthieu, tenue en quatre fiefs dont deux tenus de Nouvion, deux tenus du Roi, consistant en moulin à vent et 140 livres de censives; total des deux seigneuries : 200 livres de rente, appartient au sieur de Monchy-Hocquincourt, au lieu du sieur Vaudricourt, au lieu des du Quesnoy.

Fief à Nempont, tenu du Roi, consiste en un manoir et enclos de 6 journaux, provient de Louis Poissant, au lieu d'Adrienne Clabaut.

Fief à Vercourt, tenu de Nempont, provient de Jean le Roux.

Fief à Vercourt, tenu de Nempont, provient de Jacques de Belloy.

Fief à Vercourt, tenu de Nempont, provient de Bernard Rohault.

Fief à Vercourt, tenu de Nempont, provient de Nicolas le Vicomte.

Fief à Nempont, tenu de la seigneurie de Nempont, provient de Guillaume d'Ostove.

Fief Cuisinier, séant à Bertronval, tenu du fief Térot, tenu de Fauquembergue, consiste en terres labourables au nombre de 108 mesures et manoirs contre Maintenay et le Saussoy, provient de Guillaume d'Ostove.

Fief à Nempont, tenu de Nempont, c'est le fief de la Rivière, provenant de Sidral Dufour, écuyer, sieur de la Rivière.

Georges Lardier, écuyer, sieur de Serene ou Cerene, demeurant à Nempont-Ponthieu, y possède une maison de 2 journaux, un quartier de prés et 12 journaux de terres labourables, les ayant eus de François du Four, écuyer, sieur de Thibeauville (Thubauville), demeurant audit Nempont vers Monstreuil, y possède une maison de 3 journaux, 8 journaux de prés, 110 journaux de terres labourables, 10 journaux de bois, 12 livres de censives et 60 journaux de riez.

M. de Clenleu reçoit 15 livres de censives à Nempont vers Monstreuil. M. Pasquier, de Monstreuil, ou Jean-François de Lauric, possède à Nempont vers Monstreuil, 8 livres de censives avec 23 journaux de terres labourables, 18 journaux de bois et 7 journaux de prés.

Vente au roy, comte de Ponthieu, en 1277, par les religieux de Dommartin, de tout ce qu'ils avaient à Nempont et à Vuaben, du don Marie de Cajeu, femme Danel de Cajeu.

(Extrait du *Cabinet historique de l'Artois et de la Picardie*, Juillet-Septembre 1887.)

Abbeville, imp. du Cabinet historique de l'Artois et de la Picardie

www.ingramcontent.com/pod-product-compliance
Ingram Content Group UK Ltd.
Pitfield, Milton Keynes, MK11 3LW, UK
UKHW021029220726
13924UKWH00001B/194